My First SPANISH & ENGLISH Dictionary

PASSPORT BOOKS
a division of *NTC Publishing Group*
Lincolnwood, Illinois USA

A los padres y los maestros

Este diccionario ha sido diseñado para familiarizar a los niños con el placer de aprender un idioma. Desde hace mucho tiempo, padres y maestros han reconocido el valor y lo práctico de estimular a los niños en el aprendizaje de otro idioma. Los beneficios del contacto a temprana edad con otra cultura, histórica y geográficamente relacionada a la suya se perciben y aprecian fácilmente.

Los niños necesitan material atractivo y estimulante que encienda su curiosidad innata y despierte el interés en conocer otro idioma y otra cultura. También necesitan materiales que les enseñen el lenguaje adecuado para comunicarse en una forma simple y sencilla basado en los puntos de interés de su vida cotidiana. Este libro contiene temas relacionados con los intereses de los niños y el mundo que los rodea, tales como la familia, el hogar, la comunidad y los animales. Las palabras aparecen en inglés y español con ilustraciones interesantes y a todo color para facilitar su comprensión.

Ya sea en la casa o en el salón de clase, este diccionario ilustrado es un recurso ideal para enriquecer el vocabulario de los niños en un segundo idioma, ampliar sus conocimientos de otra cultura y familiarizarles con libros de referencia y con técnicas de aprendizaje que necesitan desarrollar para todos sus estudios. La presentación atractiva de este diccionario asegura que los niños lo hojearán una y otra vez por pura diversión, y no hay nada que motive mas efectivamente el aprendizaje de un idioma como la diversión.

1996 Printing

Published by Passport Books, a division of NTC Publishing Group.
© 1992 by NTC Publishing Group, 4255 West Touhy Avenue,
Lincolnwood (Chicago), Illinois 60646-1975 U.S.A.
Printed in Hong Kong.

6 7 8 9 WKT 9 8 7 6 5 4

To Parents and Teachers

This dictionary was designed to be a child's introduction to the excitement and fun of learning Spanish. Parents and teachers have long understood the value and practicality of encouraging children to learn another language. The benefits of early contact with another culture, so closely linked historically and geographically with the child's own, are easy to perceive and appreciate.

Children need stimulating, visually appealing materials to spark their interest and encourage them to learn about another language and culture. They also require language materials that will help them communicate about subjects of immediate interest to them. This book contains topics relating to children's day-to-day lives and interests, including the family, the home, parts of the body, the community, and animals. Words are listed in both English and Spanish, and are accompanied by lively, full-color pictures to illustrate their meanings.

For use at home or in the classroom, this picture dictionary is an ideal resource for enriching children's vocabulary in a second language, for expanding their awareness of a second culture, and for familiarizing them with reference books and the learning skills they need to develop in all their studies. The colorful, attractive format also assures that children will browse through the dictionary over and over again for pure enjoyment. And nothing motivates language learning more effectively than enjoyment.

la familia family

el abuelo

grandfather

el hermano

brother

el papá

father

la hermana

sister

la mamá

mother

la abuela

grandmother

la casa
house

la chimenea

chimney

la puerta

door

la ventana

window

el techo

roof

las escaleras

steps

la sala living room

el sofá

sofa

el tocadiscos

record player

el tapete

rug

el cuadro

picture

la televisión

television

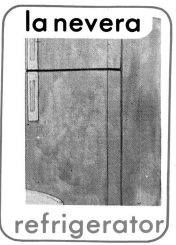
la nevera

refrigerator

la cocina
kitchen

la olla

pot

la estufa

stove

el horno

oven

el fregadero

kitchen sink

el plato

plate

el vaso

glass

la servilleta

napkin

el tenedor

fork

el cuchillo

knife

la cuchara
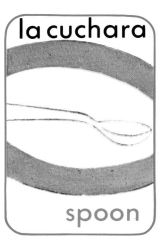
spoon

el tomate
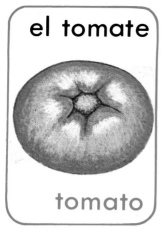
tomato

la cebolla

scallion

el repollo

cabbage

la zanahoria

carrot

el plátano

banana

las uvas

grapes

la manzana

apple

la naranja

orange

el pescado

fish

el pollo

chicken

la mantequilla

butter

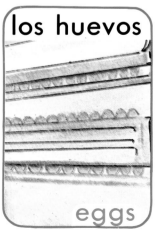

los huevos

eggs

la leche

milk

el queso

cheese

la lámpara

lamp

el ropero

closet

la recámara

bedroom

el cajón

drawer

la cama

bed

el gancho

hanger

13

la pijama

pajamas

los zapatos

shoes

la camisa

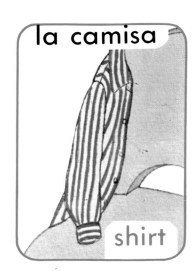

shirt

la ropa interior

underclothes

los calcetines

socks

el pantalón

pants

la tina

bathtub

la ducha

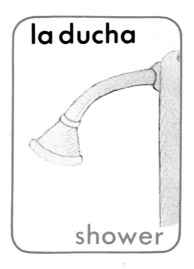

shower

el espejo

mirror

el lavamanos

sink

las llaves

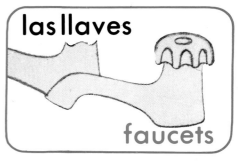

faucets

el excusado

toilet

el baño
bathroom

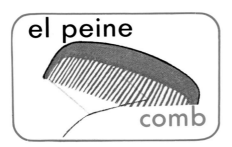

el peine

comb

la pasta dental

toothpaste

el cepillo

toothbrush

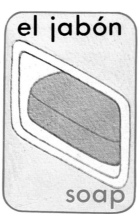

el jabón

soap

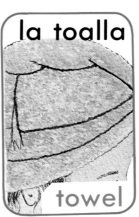

la toalla

towel

el cuerpo

body

la cabeza

head

el cuello

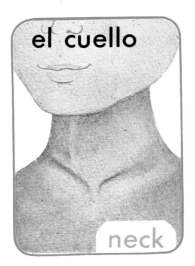

neck

el brazo

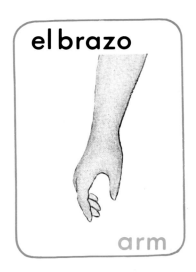

arm

los pies

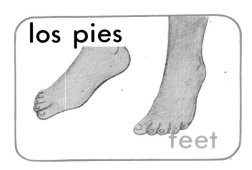

feet

la cintura

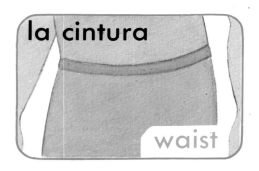

waist

las piernas

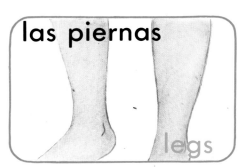

legs

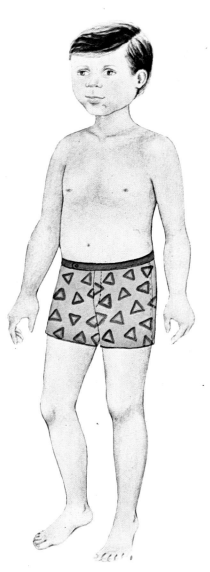

el pelo

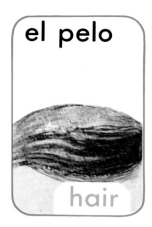

hair

la cara

face

los ojos

eyes

la nariz

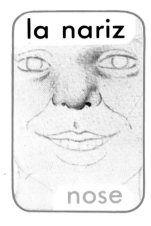

nose

la oreja

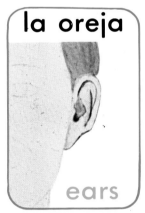

ears

la boca

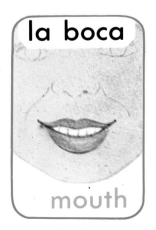

mouth

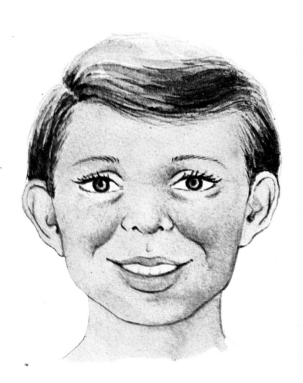

la cabeza head

enojo

anger

alegría

happiness

sorpresa

surprise

tristeza

sadness

20

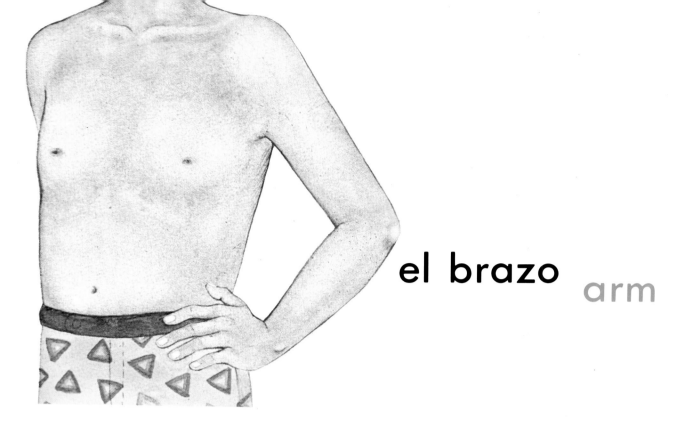

el brazo arm

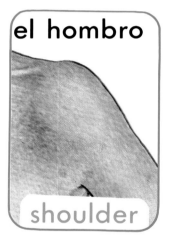

el hombro

shoulder

el codo

elbow

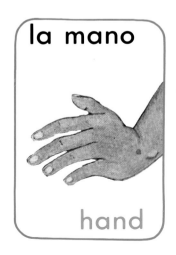

la mano

hand

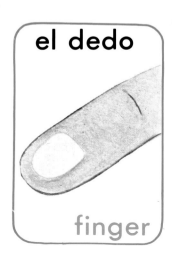

el dedo

finger

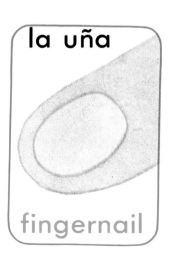

la uña

fingernail

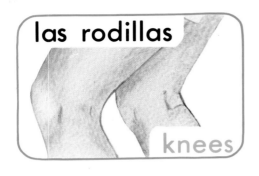

las rodillas

knees

la uña

toenail

las piernas

legs

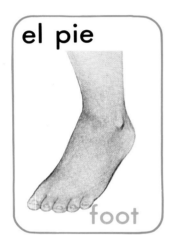

el pie

foot

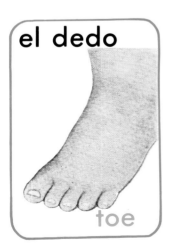

el dedo

toe

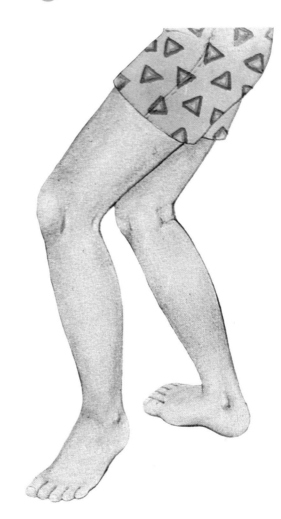

la escuela
school

la maestra

teacher

el pizarrón

board

la tiza

chalk

el escritorio

desk

la clase

classroom

los libros

books

el lápiz

pencil

el cuaderno

notebook

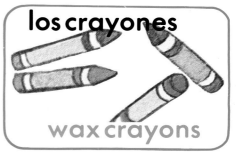

los crayones

wax crayons

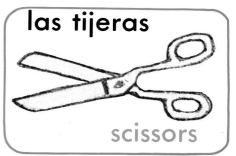

las tijeras

scissors

el papel

paper

la música music

el piano

piano

la pianista

pianist

la ciudad
city

el parque

park

la pelota

ball

el lazo

rope

la arena

sand

el columpio

swing

la balanza
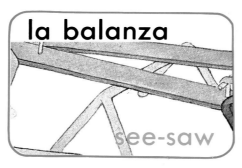
see-saw

las barras

monkey-bars

el autobús

bus

el carro

car

el semáforo

traffic light

la señal

sign

el edificio

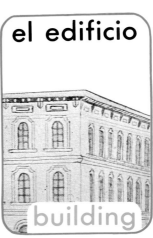

building

30

la tienda
store

CHECK - OUT

4 4

5 5

el dinero

money

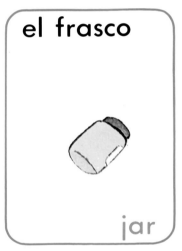

el frasco

jar

la vendedora

salesperson

la bolsa

bag

el peluquero barber

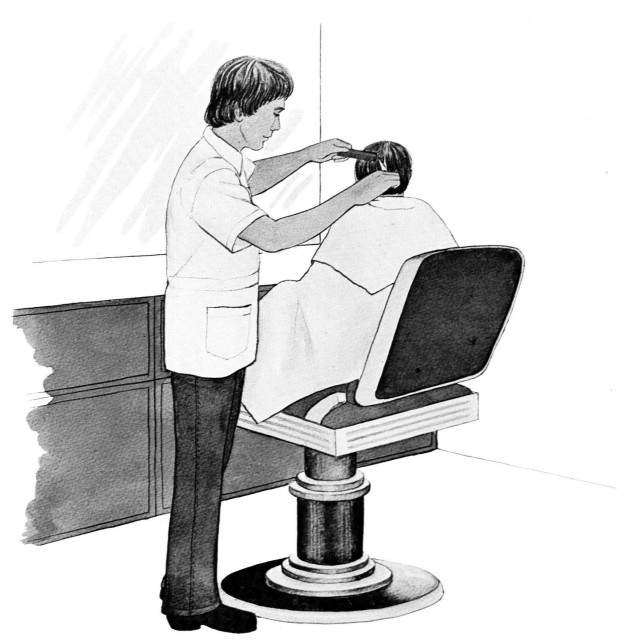

el cartero   mail carrier

la pintora
painter

el bombero   fireman

el bombero
fireman

la manguera
hose

el hidrante
hydrant

el fuego
fire

la escalera de incendio
ladder

la dentista

dentist

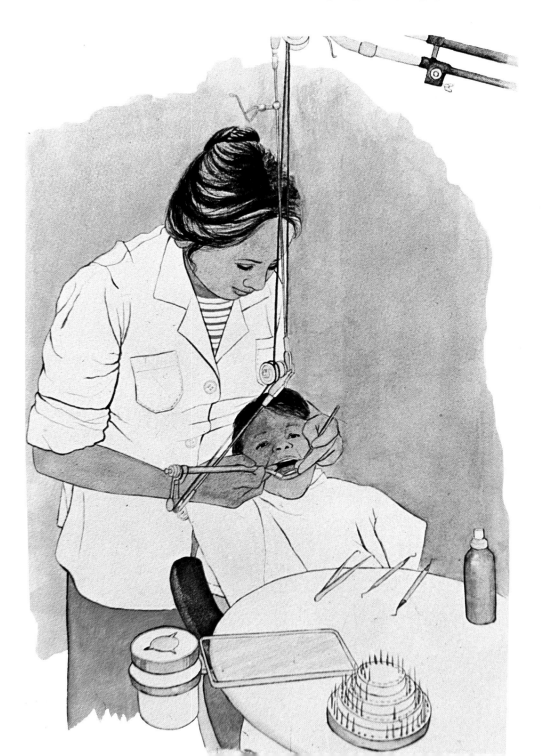

el hospital hospital

la enfermera

nurse

la ambulancia

ambulance

la camilla

stretcher

el enfermo

patient

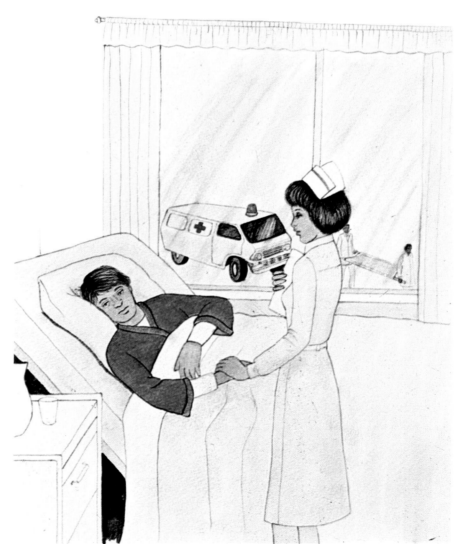

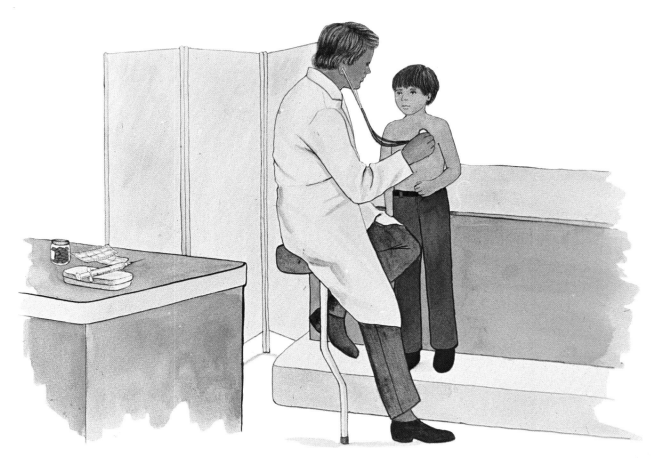

la medicina

medicine

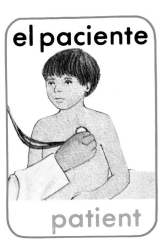

el paciente

patient

la inyección

injection

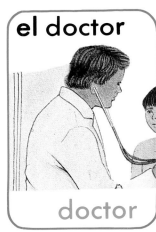

el doctor

doctor

el consultorio

doctor's office

la secretaria

secretary

el teléfono

telephone

la máquina de escribir

typewriter

la oficina

office

el mecánico

attendant

la gasolinera

pump

la estación de gasolina

gas station

el aceite

oil

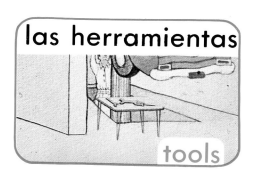

las herramientas

tools

el cruce

railroad-crossing

la motocicleta

motorcycle

el pasajero

passenger

el ferrocarril

railroad

el conductor

engineer

el tren  train

el aeropuerto

airport

el equipaje

luggage

el piloto

pilot

el avión

airplane

la maleta

suitcase

la astronauta
astronaut

el campo country

las nubes — clouds

la montaña — mountain

el arroyo — stream

el lago — lake

el campo
country

46

el granjero — farmer

el granero — barn

la vaca — cow

el caballo — horse

la cerca — fence

la granja farm

47

la gallina

hen

el gallo

rooster

el pollo

chick

el cerdo

pig

el pavo

turkey

48

el nido — nest

el pájaro — bird

el árbol — tree

el perro — dog

el gato — cat

el otoño autumn

el invierno winter

la primavera spring

el verano summer

el sol

sun

el mar

sea

la playa

beach

la playa
beach

el velero

sailboat

el parasol

parasol

el barco

ship

la grúa

crane

el puerto port

la jaula

cage

el camión

truck

el zoológico

zoo

el mono

monkey

el tigre

tiger

la jirafa

giraffe

el zoológico

zoo

el elefante

elephant

grande

large

pequeño

small

58

adentro — in

afuera — out

alrededor — around

el león
lion

el hipopótamo

hippopotamus

abierto

open

cerrado

closed

encima

over

el búho

owl

debajo

under

61

arriba

up

el pelícano

pelican

abajo

down

62